Jens-Holger Otto

Wie sieht die Struktur und Situation der Kindergartenversorgung in Deutschland aus?

GRIN Verlag

Bibliografische Information der Deutschen Nationalbibliothek:

Die Deutsche Bibliothek verzeichnet diese Publikation in der Deutschen National-
bibliografie; detaillierte bibliografische Daten sind im Internet über http://dnb.d-
nb.de/ abrufbar.

Impressum:

Copyright © 2005 GRIN Verlag GmbH
Druck und Bindung: Books on Demand GmbH, Norderstedt Germany
ISBN: 978-3-638-68009-7

Dieses Buch bei GRIN:

http://www.grin.com/de/e-book/46813/wie-sieht-die-struktur-und-situation-der-
kindergartenversorgung-in-deutschland

GRIN - Your knowledge has value

Der GRIN Verlag publiziert seit 1998 wissenschaftliche Arbeiten von Studenten, Hochschullehrern und anderen Akademikern als eBook und gedrucktes Buch. Die Verlagswebsite www.grin.com ist die ideale Plattform zur Veröffentlichung von Hausarbeiten, Abschlussarbeiten, wissenschaftlichen Aufsätzen, Dissertationen und Fachbüchern.

Besuchen Sie uns im Internet:

http://www.grin.com/

http://www.facebook.com/grincom

http://www.twitter.com/grin_com

FACHHOCHSCHULE BRAUNSCHWEIG/WOLFENBÜTTEL

Fachbereich Gesundheitswesen – Krankenversicherungsmanagement

Wie sieht die Struktur und Situation der Kindergartenversorgung in Deutschland aus?

Referat

Von: Jens-Holger Otto

Königslutter am Elm, 15.03.2005

Inhaltsverzeichnis

Abbildungsverzeichnis

Anlagenverzeichnis

1. Einleitung

„Das Fundament für gute Bildung und damit erfolgreiche Lebensgestaltung wird in der frühen Kindheit gelegt. Was Hänschen nicht lernt, lernt Hans nimmermehr. Es sind die Startchancen in den ersten sechs Jahren, die in hohem Maße über den späteren Lebensweg und die künftige Teilhabe am materiellen Wohlstand entscheiden. Deshalb stellt die frühkindliche Förderung und Erziehung eine vorrangige Aufgabe gesellschaftspolitischen Handelns dar. Einerseits muss der Familie Unterstützung zukommen, damit diese eigenständig ihren Erziehungsauftrag nachkommen kann, andererseits muss das Netz der öffentlichen Kindertagesbetreuung bedarfsgerecht und qualitätsorientiert sein.

Damit wird dem Wandel der Familie Rechnung getragen. Die Zeiten, in denen Aufgaben der Familie und Haushalt ausschließlich von der Frau und die Erwerbstätigkeit vom Mann geleistet wurde, gehören der Vergangenheit an. Ein bedarfsgerechtes Netz öffentlicher Kindertagesbetreuung schafft somit die Voraussetzung für eine gerechte Verteilung der Aufgaben zwischen den Geschlechtern.

Das öffentliche Netz an Kindertagesbetreuung leistet einen Beitrag zur Bildungsgerechtigkeit und kann helfen, die Zukunftschancen individuell oder sozial beeinträchtigter Kinder zu verbessern."[1]

Öffentliche Ausgaben für Kindertagesbetreuung erweisen sich aber auch als sehr rentabel, da sie ökonomisch ausgedrückt eine hohe Rendite aufweisen und deren volkswirtschaftlicher Nutzen die Kosten übersteigt.[2]

Im Folgenden wird die Versorgungssituation mit Kindergärten beschrieben. Neben einer Abgrenzung der Kindergartenbetreuung zu weiteren Formen der

---

[1] Vgl. Rede der Bundesministerin für Familie, Senioren und Jugend, Renate Schmidt am 03.03.2004 anlässlich einer Fachtagung der BETA, www.BMFSFJ.de
[2] Einnahmeeffekte beim Ausbau von Kindertagesbetreuung, Bundesministerium für Familie, Senioren, Frauen und Jugend, www.BMFSFJ.de

Kindertagesbetreuung und einer geschichtlichen Einführung werden in weiteren Kapiteln die Versorgungsstrukturen, sowie die Kindergarten-Versorgungssituationen und deren volkswirtschaftliche Nutzen dargestellt. Anhand der Betreuungsinitiative für beschäftigte Frauen und Männer in Königslutter e.V. (BIK e.V.) wird über die praktische Umsetzung der sozialpolitischen und sozialrechtlichen Regularien und Aufträge berichtet.

2. Geschichtliche und rechtliche Entwicklung der Versorgung mit Kindergarten

Die im 18. Jh. beginnende Industrialisierung mit der Konsequenz der Trennung von Produktion und Privatsphäre, dem Entstehen von Frauen- und Kinderarbeit und des Proletariats, sowie die Emanzipation des Bürgertums, das wirtschaftlich dominierte und die politische Macht anstrebte, sind Wurzeln der Schaffung von Einrichtungen für die Betreuung von Kindern vor dem Schulalter.

Dementsprechend kristallisierten sich verstärkt im 19. Jahrhundert vor allem drei Angebotsformen heraus: die Kleinkinderbewahranstalt, die Kleinkinderschule und der Kindergarten. Die Kleinkinderbewahranstalten hatten die Absicht, den sozialen Notstand der Familien der unteren Volksschichten zu begegnen und deren Kinder durch Beaufsichtigung vor Kriminalität und Unfällen zu bewahren. Demgegenüber lag den Kleinkinderschulen eindeutig eine christlich-missionarische Intention zugrunde, die eine sittlich-religiöse "Erstarkung" der Kinder in den Mittelpunkt stellte, zumal diese Einrichtungen vielfach an Diakonissenhäuser oder Orden angeschlossen waren. Der Kindergarten nun basierte auf einer stark kindbezogenen Konzeption. Seine Zielsetzung war eine familienergänzende Erziehung für *alle* Kinder, egal welcher Konfession und welchem Stand sie angehörten.

Zunehmend verfolgten diese Einrichtungen dabei nicht mehr nur reine Verwahrung, sondern auch körperliche, geistige und seelische Vorbereitung auf Schule und Bedingungen der Arbeitswelt sowie eine Entfaltung der Persönlichkeit.[1]

Die Idee eines Kindergartens wurde 1837 von dem deutschen Pädagogen Friedrich Fröbel entwickelt, basierend auf dem damals neuartigen Gedanken, dass dem Spiel der Kinder große Bedeutung beizumessen sei. In einer Atmosphäre, in der die Kinder sich so frei wie Blumen in einem Garten entwickeln sollten (daher der Name *Kindergarten*), benutzte Fröbel in der von ihm gegründeten ersten Einrichtung dieser Art in Bad Blankenburg Spiele, Lieder, besondere Arbeitsmaterialien und Geschichten, um auf die Bedürfnisse kleiner Kinder (im Alter von drei bis sieben Jahren) einzugehen.[2]

Mit dem Reichsjugendwohlfahrtsgesetz vom 09.07.1922 wurde erstmals eine eigenständige reichsrechtliche Regelung für die Jugendhilfe außerhalb des öffentlichen Fürsorgerechts geschaffen.[3]

Das Jugendwohlfahrtsgesetz in der Fassung der Bekanntmachung vom April 1977, das in seinem Kern auf das Reichsjugendgesetz vom 09.07.1922 zurückgeht, wurde in weiten Teilen den damaligen Anforderungen einer gewandelten Gesellschaft an die Jugendhilfe nicht mehr gerecht. Die gesellschaftliche Entwicklung hat Probleme für Kinder und Jugendliche entstehen lassen, denen mit den klassischen Maßnahmenkatalog des Jugendwohlfahrtsgesetz nicht mehr begegnet werden kann. Familiäre Lebenslagen haben sich geändert. Die familiäre Wirklichkeit war / ist gekennzeichnet durch Faktoren wie:

1.) eine steigende Zahl von Ein-Kind-Familien

2.) eine steigende Zahl von Kindern, die bei einem Elternteil aufwachsen

3.) hohe Trennungs- und Scheidungsraten

4.) einen Wandel der Rolle der Familienmitglieder, (insbesondere der Frau), der sich unter anderem an dem Wunsch festmacht, Erwerbstätigkeit und Familie miteinander vereinbaren zu können

---

[1] Vgl. Frauen in der Geschichte des Kindergartens: Eine Einführung, Manfred Berger, Kindergartenpädagogik – Online-Handbuch -, www.kindergartenpaedagogik.de/170.html 17.03.2005

[2] Vgl. Kindergarten, Microsoft®Encarta®Enzyklopädie 2002

[3] Vgl. SGB VIII/KJHG, W. Schellhorn, S. 3 ff, Luchterhand Verlag GmbH Neuwied, Stand 2000

5.) veränderte strukturelle Rahmenbedingungen, wie z.B. anhaltende hohe Arbeitslosigkeit, welche sich negativ auf die Erziehungssituation auswirkt.

U. a. war / ist das örtliche und regionale Angebot an Kindergartenplätzen sehr unterschiedlich. Die Versorgungsquote schwankte zwischen den Ländern von etwa 55 % bis 90 % bezogen auf die Gesamtzahl der Kinder von drei Jahren bis zu Beginn der Schulpflicht.

Mit dem Gesetz zur Neuordnung des Kinder- und Jugendhilferechts (KJHG) vom 26.06.1990, jetzt SGB VIII, verfolgte der Gesetzgeber schwerpunktmäßig die Verbesserung der Angebote der Tagespflege, wie sie für Kinder im Alter von drei Jahren bis zum Eintritt der Schulpflicht in Kindergärten wahrgenommen wird.[1] Seit dem 01.01.1996 besteht für jedes Kind ein Rechtsanspruch auf einen Kindergartenplatz.[2]

Somit ist das heutige im Sozialgesetzbuch VIII geregelte Kinder- und Jugendhilferecht sowie die darin geregelte Förderung von Kindern in Tageseinrichtungen (§ 22 SGB VIII) schlussendlich historisch auf die öffentliche Fürsorge zurückzuführen, welche heute noch grundgesetzlich verankert ist (vgl. § 74 Nr. 7 GG).[3] Aus Anlage 2 gehen die länderspezifischen Regelungen betreffend des Rechtsanspruches auf einen Kindergartenplatz hervor.

[4]Auch kann bis in die heutige Zeit hinein die Tradition der damaligen / historischen Arrangements familienergänzender, außerschulischer Betreuung, Bildung und Erziehung in früher Kindheit zurückverfolgt werden:

- o institutionalisierte Betreuungsangebote für Kinder in Kindergärten

---

[1] Vgl. u.a. Gesetzentwurf der Bundesregierung für ein Gesetz zur Neuordnung des Kinder- und Jugendhilferechts (KJHG) und Stellungnahme des Bundesrates, Bundestagsdrucksache 11/5948, www.parlamentsspiegel.de

[2] Vgl. SGB VIII/KJHG, W. Schellhorn S. 167 ff. zu § 24 SGB VIII, Luchterhand Verlag GmbH Neuwied, Stand 2000

[3] Vgl. SGB VIII/KJHG, W. Schellhorn, S. 3 ff, Luchterhand Verlag GmbH Neuwied, Stand 2000

[4] OECD Early Childhood Policy Review 2002 – 2004, Bundesministerium für Familie, Senioren, Frauen und Jugend, S. 35

o institutionalisierte Bewahrung und Beschäftigung für Kinder der Unterschicht in Zeiten der Berufstätigkeit der Eltern in Ganztagskindergärten, Krippen und Horten

o sowie privat organisierte Formen in der eigenen Familie (Kindermädchen oder Hauslehrerinnen), in einer fremden Familie (als Pflegestelle) oder als Zusammenschluss von Eltern (Familienkindergarten).

3. Der Kindergarten als eine Form der Tageseinrichtungen – Begriffsbestimmung / Abgrenzung und Aufgabe

Tageseinrichtungen sind Einrichtungen, in denen sich Kinder, die noch nicht 14 Jahre alt sind, ganztags oder für einen Teil des Tages aufhalten. Durch diese Umschreibung wird die Tageseinrichtung von Formen der Kinderbetreuung über Tag und Nacht – Heimerziehung und Vollzeitpflege – abgegrenzt. Der Tageseinrichtung ist neben der Betreuung auch die Bildung und Erziehung des Kindes eine immanente Aufgabe.[1]

Tageseinrichtungen sind im wesentlichen:

o Kinderkrippen oder Krabbelstuben für Kleinkinder bis zur Vollendung des 3. Lebensjahres

o Kindergärten für 3- bis 6-jährige Kinder (bis zum Schuleintritt)

o Horte für die außerschulische Betreuung von Kindern im schulpflichtigen Alter bis zur Vollendung des 14. Lebensjahres.[2]

Die Teilnahme am Erwerbsleben bildet die ökonomische Grundlage von Familien (Existenzsicherung). Tageseinrichtungen wie Kindergärten sollen zum Gelingen der Balance von Familie und Arbeitswelt beitragen und Erwerbstätigkeit von Müttern und Vätern im obigen Sinne fördern.[3] Darüber

---

[1] Vgl. SGB VIII/KJHG, W. Schellhorn S. 154 ff. zu § 22 SGB VIII, Luchterhand Verlag GmbH Neuwied, Stand 2000
[2] Ebd.
[3] OECD Early Childhood Policy Review 2002 – 2004, Bundesministerium für Familie, Senioren, Frauen und Jugend, S. 56

hinaus erhöht der Besuch einer Tageseinrichtung / Kindergarten die Bildungschancen für Kinder aus sozioökonomisch benachteiligten Familien.[1]

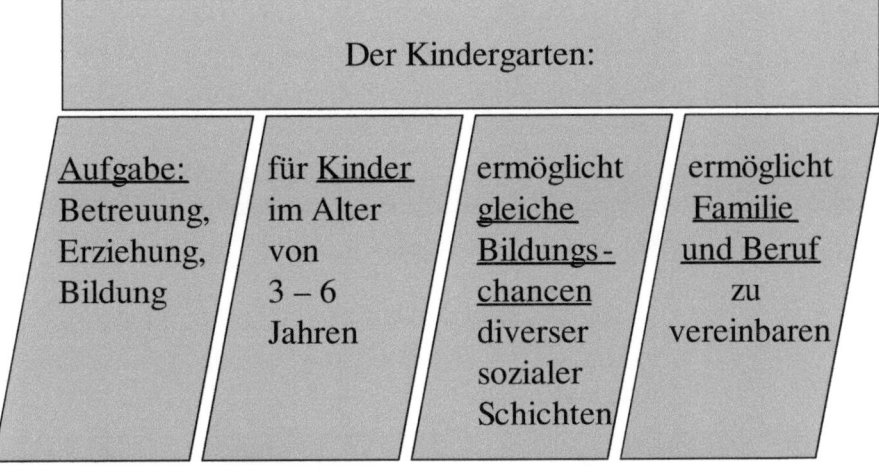

Abbildung 1: Der Kindergarten als Form der Kindertagesbetreuung, eigene Darstellung

---

[1] OECD Early Childhood Policy Review 2002 – 2004, Bundesministerium für Familie, Senioren, Frauen und Jugend, S. 64

4. Die Strukturen der Kindergartenversorgung

4.1. Rechtlicher Rahmen

Das System der Kindergartenversorgung gehört rechtlich und organisatorisch zur Kinder- und Jugendhilfe und damit kompetenzrechtlich zum Bereich der „öffentlichen Fürsorge" (Sozialwesen, welfare), nicht zum Bildungsbereich (Schulwesen, education). Die Gesetzgebungskompetenz für den Bereich der öffentlichen Fürsorge liegt bei Bund und Ländern, die Ausführungskompetenz und damit die Finanzierungslast bei den Ländern und Kommunen.[1]

Im Rahmen der konkurrierenden Gesetzgebung hat der Bund das Vorrecht zur Gesetzgebung. Macht er davon keinen Gebrauch, können die Länder in diesem Bereich tätig werden.[2]

Nach Art. 74 Abs. 1 Nr. 7 Grundgesetz gehört zur konkurrierenden Gesetzgebung die „öffentliche Fürsorge".

Mithin hat der Bundesgesetzgeber u.a. gesetzlich die Förderung von Kindern in Kindergärten geregelt. Seit 1990 / 1991 ist die Förderung u.a. der Kindergärten im Sozialgesetzbuch VIII (SGB VIII) geregelt, womit die Kinder- und Jugendhilfe zur Sozialgesetzgebung eingeordnet wurde.[3]

Das SGB VIII beschreibt die Struktur der Kinder- und Jugendhilfe und die verschiedenen Akteure auf der Grundlage des Subsidiaritätsprinzips sowohl unter dem Aspekt des Vorrangs elterlichen Erziehungsverpflichtungen und Erziehungsvorstellungen als auch unter dem Aspekt des Vorrangs freier Träger bei der Bereitstellung des Angebots. Das dahinter stehende Leitbild geht von der Idee der Unterstützung einer jeweils kleineren gesellschaftlichen Einheit

---

[1] OECD Early Childhood Policy Review 2002 – 2004, Bundesministerium für Familie, Senioren, Frauen und Jugend, S. 26
[2] Ebd., S 25
[3] Ebd., S 26 / 27

durch die nächstgrößere aus. Vermieden werden soll, dass eine gebotene Hilfe noch vorhandene Ressourcen ersetzt.[1]

Das SGB VIII ist zwar ein Bundesgesetz, sieht aber einen Ländervorbehalt betreffend der Ausgestaltung der Aufgaben und Leistungen zur Förderung der Kindergarteneinrichtungen vor.

Alle 16 Bundesländer gestalten ihr Angebot an Kindergarteneinrichtungen für Kinder mit eigenen Gesetzen (vgl. Anlage 2), entweder als Ausführungsgesetz zum Bundesgesetz oder als eigenständiges Gesetz für diesen Bereich. Je nach Gestaltungswillen existieren zu Teilthemen eigenständige Normen. Im Ergebnis steht, auf Basis eines gemeinsamen Bundesgesetzes, ein von Bundesland zu Bundesland unterschiedliches eigenes System der Kindergarteneinrichtungen. Aus den Länderregelungen ist allerdings kein Konsens über anerkannte Standards herauszulesen – es gibt kein einheitliches, quantitativ und qualitativ vergleichbares Tagesstättenangebot im föderativem Deutschland.[2]

4.2. Verantwortung, Zuständigkeiten und Trägerschaften

Verantwortung der Eltern

Die vorrangige Erziehungsverantwortung der Eltern ist schon in der Verfassung der Bundesrepublik verbürgt. In Artikel 6 Absatz 2 des Grundgesetzes heißt es: „Pflege und Erziehung der Kinder sind das natürliche Recht der Eltern und die zuvörderst ihnen obliegende Pflicht. Über ihre Betätigung wacht die staatliche Gemeinschaft." Für die Angebote der Jugendhilfe bedeutet dies konkret: Ihre Leistungen sollen keine Einmischung in die Aufgaben der Eltern sein, sondern partnerschaftliche Hilfsangebote unter Achtung der Elternverantwortung. Neben dem Elternrecht gibt es allerdings eine – ebenfalls verfassungsrechtlich verankerte – Pflicht des Staates zur

---

[1] OECD Early Childhood Policy Review 2002 – 2004, Bundesministerium für Familie, Senioren, Frauen und Jugend, S. 27
[2] OECD Early Childhood Policy Review 2002 – 2004, Bundesministerium für Familie, Senioren, Frauen und Jugend, S. 32

Förderung der Familie und zum Schutz des Kindes. Entsprechende Regelungen enthalten insbesondere das KJHG sowie die dazu ergangenen Ausführungsgesetze der Länder.[1] In diesen Normen ist wiederum das Recht der Eltern verankert, an Entscheidungen in wesentlichen Angelegenheiten der Kindergarteneinrichtung beteiligt zu werden (§22 Abs. 3 SGB VIII). Das Gesetz über Tageseinrichtungen für Kinder in Niedersachsen (KitaG) sieht diesbezüglich die Bildung eines Beirates vor (§ 10 Abs. 3 KitaG) der sich aus Vertretern der Eltern, beschäftigten ErzieherInnen sowie des Trägers zusammensetzt.

Zuständige Behörden

Die zuständige Behörde vor Ort, an die sich auch Eltern in allen Fragen zu Kindergärten wenden können, ist das örtliche Jugendamt. Es ist Teil der Kreis- oder Stadtverwaltung. Wenn Eltern den für ihren Wohnort zuständigen örtlichen Träger der öffentlichen Jugendhilfe herausfinden wollen, werden sie sich an das Jugendamt an ihrem Wohnort wenden. Die Stadt bzw. der Kreis müssen darauf hinwirken, dass genügend Kindergartenplätze zur Verfügung stehen. Das Jugendamt als zuständige Behörde arbeitet dabei mit den freien Trägern der Jugendhilfe zusammen und hat die Aufgabe, diese zu fördern. Der Gesetzgeber hat im Interesse eines pluralen Angebots den Angeboten freier Träger einen Vorrang eingeräumt. Das Jugendamt soll erst dann eigene Einrichtungen schaffen, wenn geeignete Einrichtungen von freien Trägern nicht betrieben werden oder nicht rechtzeitig geschaffen werden können. Es wird Eltern auch dann weiterhelfen, wenn es selbst keine Plätze anbieten kann, etwa indem es die Eltern über die vorhandenen oder geplanten Einrichtungen anderer Träger informiert. Neben den Jugendämtern gibt es auf überörtlicher Ebene die Landesjugendämter. Sie haben planende, beratende und koordinierende Aufgaben. Sie sind u. a. zuständig für die Aufsicht („Betriebsaufsicht") zum Schutz der Kinder in den Einrichtungen. Jedes Bundesland hat eine oberste Landesjugendbehörde, das für Jugendfragen zuständige Ministerium bzw. die zuständige Senatsverwaltung. Die obersten

---

[1] Bundesministerium für Familie, Senioren, Frauen und Jugend; Kinder in Tageseinrichtungen und Tagespflege; S. 43 – 47; www.bmfsfj.de

Landesjugendbehörden sind zuständig für die Betreuung der Landesausführungsgesetze zum KJHG und die entsprechenden Verordnungen. Im Rahmen ihrer Ausführungsgesetze haben einige Länder auch geregelt, wie Kindergärten finanziert und in welchem Umfang Elternbeiträge zu den Betriebskosten erhoben werden. Die für Fragen der Jugendhilfe zuständige Behörde auf Bundesebene ist das Bundesministerium für Familie, Senioren, Frauen und Jugend. Es ist innerhalb der Bundesregierung für das Kinder- und Jugendhilfegesetz federführend und hat die Aufgabe, Bestrebungen der Jugendhilfe anzuregen und zu fördern. Voraussetzung dafür ist, dass es sich um überregionale bzw. modellhafte Maßnahmen handelt, die nicht von einem Land allein wirksam gefördert werden können.

Träger von Tageseinrichtungen

Bei den Trägern unterscheidet man öffentliche und freie Träger. Öffentliche Träger von Tageseinrichtungen können Städte, Kreise und Gemeinden sein, auch kreisangehörige Gemeinden, die kein eigenes Jugendamt haben. Freie Träger sind vor allem Kirchen und Wohlfahrtsorganisationen, aber auch Vereine und Initiativen etwa von Eltern, sowie Betriebe.[1]

4.3. Formen der Kindergartenbetreuung

Die Form der Kindergartenbetreuung kann nach diversen Kriterien gegliedert und unterschieden werden. So z.B. nach Altersmischformen, besonderen Einrichtungsformen, Trägerschaften, Betreuungszeiten

4.3.1 Zur Unterscheidung von Einrichtungsarten nach Altersmischungsformen:[2]

altersspezifische Einrichtungen, die ausschließlich für Kinder einer der drei klassischen Altersgruppen zur Verfügung stehen, also Krippen als Häuser für

---

[1] Bundesministerium für Familie, Senioren, Frauen und Jugend; Kinder in Tageseinrichtungen und Tagespflege; S. 43 – 47; www.bmfsfj.de
[2] Deutsches Jugendinstitut e.V.; Zahlenspiegel – Daten zu Tageseinrichtungen für Kinder; S. 40

Kinder bis zu drei Jahren, Kindergärten als Häuser für Kinder von drei Jahren bis zum Schuleintritt und Horte als Häuser für Kinder im Schulalter;

kombinierte Einrichtungen, die zwei oder drei dieser klassischen Altersgruppen unter einem Dach vereinen, aber die Kinder in Gruppen mit traditioneller Altersmischung zusammenfassen, also Krippengruppen, Kindergartengruppen und Hortgruppen bilden;

Einrichtungen mit alterserweiterten Gruppen, die die Kinder in altersübergreifenden Gruppen zusammenfassen, z.B. in gemischten Gruppen

- o „für Kinder bis zum Schuleintritt", d.h. im Krippen- und Kindergartenalter,
- o „für Kinder ab 3 Jahren", d.h. im Kindergarten- und Hortalter,
- o „für Kinder aller Altersklassen", d.h. im Krippen-, Kindergarten- und Hortalter oder
- o „in unterschiedlicher Alterszusammensetzung";

Einrichtungen mit traditionellen (= altersspezifischen) und alterserweiterten Gruppen

Anteil der Plätze in .... für Kinder ...	im Kindergartenalter	
	1994	1998
altersspezifische Einrichtungen	74,4	75,1
alterspez. Gruppen kombinierter Einrichtungen	12,1	10,1
Einrichtungen mit alterserweiterten Gruppen	6,5	6,9
Einrichtungen mit tradit. Und alterserw. Gruppen	7,0	7,8
Gesamt	100,0	100,0

Abbildung 2: Anteil der verfügbaren Plätze nach Altersbereichen in Deutschland[1]; eigene Darstellung

4.3.2. Zu besonderen Einrichtungsformen[2]

Die amtliche Kinder- und Jugendhilfestatistik verzeichnet nicht nur, wie viel Plätze für Kinder im Kindergartenalter jeweils in den verschieden

---

[1] Deutsches Jugendinstitut e.V.; Zahlenspiegel – Daten zu Tageseinrichtungen für Kinder; S. 44
[2] Deutsches Jugendinstitut e.V.; Zahlenspiegel – Daten zu Tageseinrichtungen für Kinder; S. 48

strukturierten Einrichtungen mit unterschiedlicher Altersmischung zu finden sind, sondern auch, wie viele Plätze durch Einrichtungen mit einer besonderen Organisations- oder Angebotsstruktur zur Verfügung gestellt werden. Besonders hervorgehoben werden:

- o integrative Tageseinrichtungen,
- o Sondereinrichtungen für behinderte Kinder,
- o Tageseinrichtungen für Kinder von Betriebsangehörigen,
- o kindergartenähnliche Einrichtungen (z.b. Spielkreise),
- o Tageseinrichtungen von Elterninitiativen.

4.3.3. Zur Trägerlandschaft[1]

Die Form der Kindergartenversorgung kann nach öffentlichen und freien Trägern unterschieden werden. Öffentliche Träger sind unterteilt in örtliche und überörtliche Träger, in Land und Gemeinden ohne Jugendamt. Als örtliche Träger gelten Landkreise oder kreisfreie Städte (= Kommunen), die über Jugendämter verfügen, zu überörtlichen Trägern zählen Bezirke oder Landesjugendämter – falls ein Bundesland mehrere unterhält – bzw. Landeswohlfahrtsverband oder Landschaftsverband.

Unter freie Träger fallen alle Einrichtungen, die Verbänden der freien Wohlfahrtspflege angeschlossen sind, außerdem von den Kirchen selbst betriebene Einrichtungen (= einzuordnen unter den entsprechenden konfessionellen Verbänden), Jugendgruppen, wenn sie gemäß § 75 SGB VIII (= KJHG) anerkannt sind, Wirtschaftsunternehmen (= von privat-gewerblichen Betreibern geführt oder von Unternehmen der öffentlichen Hand oder Behörden betrieben – sofern sie nicht öffentliche Träger sind, z.B. eingerichtet als GmbH) sowie „Sonstige juristische Personen/andere Vereinigungen", wozu auch Elterninitiativen zählen, soweit sie keinem der Verbände der freien Wohlfahrtspflege angeschlossen sind.

---

[1] Deutsches Jugendinstitut e.V.; Zahlenspiegel – Daten zu Tageseinrichtungen für Kinder; S. 52

Die Trägerstruktur des Angebots an Kindergarteneinrichtungen unterscheidet sich grundlegend in den alten und neuen Bundesländern. Während im früheren Bundesgebiet die Mehrzahl der Plätze in der Hand freier Träger liegt (64,0 %), ist es in den neuen Bundesländern einschl. Berlin Ost umgekehrt: 62,5 % aller Plätze bietet die öffentliche Hand.

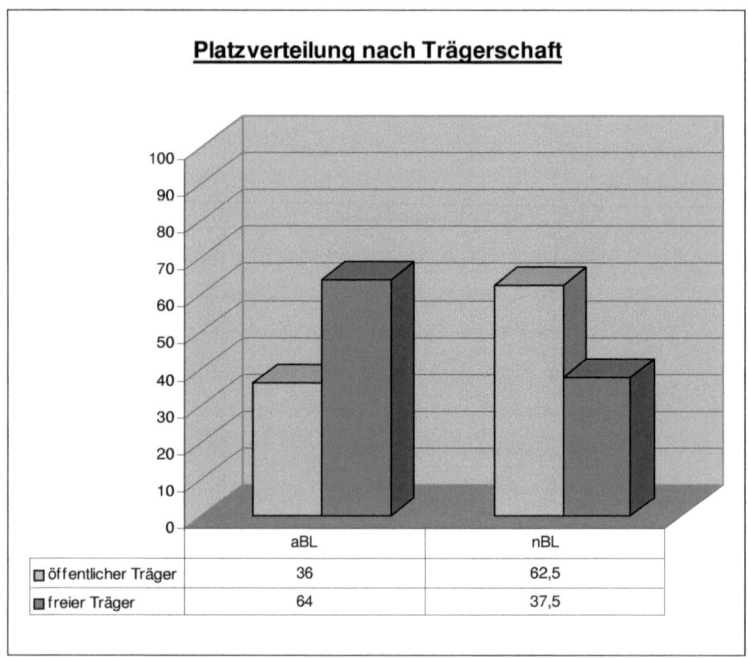

Platzverteilung nach Trägerschaft

	aBL	nBL
öffentlicher Träger	36	62,5
freier Träger	64	37,5

Abbildung 3: Anteil verfügbarer Plätze nach öffentlichen und freien Trägern am 31.12.1998 im früheren und neuen Bundesgebiet[1]; eigene Darstellung

---

[1] Deutsches Jugendinstitut e.V.; Zahlenspiegel – Daten zu Tageseinrichtungen für Kinder; S. 52

4.3.4. Zur Einordnung der unterschiedlichen Betreuungszeiten[1]

Die amtliche Kinder- und Jugendhilfestatistik untergliedert das Angebot an Kindergarteneinrichtungen im Einzelnen nach sechs unterschiedlichen Betreuungszeiten:

- Ganztagsplätze mit Mittagessen, die eine Betreuungszeit von mehr als 6 Stunden ermöglichen;
- Vor- und Nachmittagsplätze ohne Mittagessen (d.h. mit Unterbrechung über Mittag);
- Vormittagsplätze ohne Mittagessen;
- Vormittagsplätze mit Mittagessen;
- Nachmittagsplätze ohne Mittagessen und
- Nachmittagsplätze mit Mittagessen.

Die Versorgung mit Ganztagsplätzen ist in den westlichen und östlichen Bundesländern sehr unterschiedlich. In den neuen Bundesländern bieten über 90 % aller Plätze Ganztagsbetreuung, im alten Bundesgebiet hingegen weniger als ein Viertel.

Plätze für Kinder Im Kindergartenalter				
	früheres Bundesgebiet		neue Länder und Berlin Ost	
	Plätze	in %	Plätze	in %
Alle Träger	2.151.858	100	334.922	100
davon ganztags	405.070	18,8	327.138	97,7
davon Teilzeit	1.746.788	81,2	7.784	2,3
Öffentliche Träger	774.347	100	209.300	100
davon ganztags	158.728	20,5	204.808	97,9
davon Teilzeit	615.619	79,5	4.492	2,1
Freie Träger	1.377.511	100	125.622	100
davon ganztags	246.342	17,9	122.330	97,4
davon Teilzeit	1.131.169	82,1	3.292	2,6

Abbildung 4: Verfügbare Plätze nach öffentlichen und freien Trägern nach Betreuungszeit und Altersbereich im alten und früheren Bundesgebiet am 31.12.1198[2]; eigene Darstellung

---

[1] Deutsches Jugendinstitut e.V.; Zahlenspiegel – Daten zu Tageseinrichtungen für Kinder; S. 54 ff.
[2] Deutsches Jugendinstitut e.V.; Zahlenspiegel – Daten zu Tageseinrichtungen für Kinder; S. 56

4.3.5. Zur Einordnung nach pädagogischen Aspekten

Die Arbeit in Kindergärten wird an pädagogischen Werten und Überzeugungen ausgerichtet, die die unterschiedlichen religiösen und weltanschaulichen Präferenzen der Träger wiederspiegeln. An dieser Stelle seien Konzepte nach

o Waldorf

o Montessori

o Situationsorientierter Ansatz

genannt.[1] Dies soll an dieser Stelle nicht weiter vertieft werden, da die Sozialpädagogik nicht Thema dieses Referates ist.

Allerdings soll wegen der gesellschaftspolitischen Bedeutung die bereits als besondere Einrichtungsform angesprochenen integrativen Kindergärten näher beleuchtet werden.

Die Integration behinderter Kinder hat sich als pädagogische Konzeption in den alten Bundesländern zwischen 1980 und 1990 in den Kindergärten etablieren können. Integration behinderter Kinder in Einrichtungen für alle Kinder stellt nicht nur eine Umorganisation der Betreuung behinderter Kinder dar, sondern greift direkt in die inhaltliche Konzeption der Tagesstätten ein als eine für alle Kinder spürbare Qualitätssteigerung.

In den neuen Bundesländern wurde die Konzeption der gemeinsamen Betreuung von behinderten und nichtbehinderten Kindern nach der Wende sehr schnell aufgegriffen, obwohl oder weil die Betreuung behinderter Kinder in der ehemaligen DDR ausschließlich in Sondereinrichtungen nach Behinderungsformen gegliedert stattfand. Das nach der Wende entstandene Angebot integrativer Plätze hatte bereits 1994 das der westlichen Bundesländer überholt. Heute stellt die gemeinsame Betreuung, Erziehung und Bildung behinderter und nichtbehinderter Kinder ein anerkanntes Angebot in allen Bundesländern für Kindergärten dar.[2]

---

[1] Vgl. OECD Early Childhood Policy Review 2002 – 2004, Bundesministerium für Familie, Senioren, Frauen und Jugend, S. 43 ff.
[2] Deutsches Jugendinstitut e.V.; Zahlenspiegel – Daten zu Tageseinrichtungen für Kinder; S. 163 ff.

	Deutschland	Westliche BL	Östliche BL
Integrativ	30.078	20.974	9.104
Sondereinrichtungen	15.682	14.610	1.072
Zusammen	45.760	35.584	10.176
Anteil der Plätze für Kinder mit Behinderung im Kindergartenalter an der altersentsprechenden Bevölkerung			
Integrativ	1,07	0,84	2,88
Sondereinrichtungen	0,56	0,59	0,34
Zusammen	1,63	1,43	3,22

Abbildung 5: Plätze für behinderte Kinder im Kindergartenalter nach Art der Einrichtung und relativem Versorgungsgrad in Deutschland.[1] Anm.[2]

4.4. Finanzierung

4.4.1. Wer finanziert Kindergärten

Dem Föderalismus Deutschlands Rechnung tragend, gibt es auch hinsichtlich der Finanzierung von Kindergärten keine einheitliche und allgemeingültige Aussage. Es sind nur Grundsätze darstellbar.

Die Bezuschussung von Plätzen der Kinderbetreuung an freie und öffentliche Träger durch die Länder wurde bisher zu ungefähr gleichen Teilen auf die Wohnsitzgemeinde und/oder den örtlichen Jugendhilfeträger, den Träger der Einrichtung und auf das Land verteilt. Ein geringerer Anteil der anfallenden Kosten wird durch Elternbeiträge gedeckt. Bezuschusst werden vonseiten der Länder Personal- und Sachkosten, zumeist gibt es Regelungen über die Bezuschussung von Investitionskosten. Vom freien Träger wird ein Eigenanteil erwartet, der abzüglich der Einnahmen durch die Elternbeiträge zwischen freiem Träger und Jugendhilfeträgern von Zeit zu Zeit ausgehandelt wird und sich in den letzten Jahren vor allem für „arme Träger" immer mehr verringert hat.

---

[1] Vgl. OECD Early Childhood Policy Review 2002 – 2004, Bundesministerium für Familie, Senioren, Frauen und Jugend, S. 65
[2] Die Zahlen für die Integrationseinrichtungen in der Abbildung 5 können nicht sicher als *Plätze ausschließlich für behinderte Kinder* in Integrationseinrichtungen oder als *Gesamtzahl der Plätze* in Integrationseinrichtungen oder eine Mischung wegen schlechter statistischer Datenlage identifiziert werden. Vgl. a.a.O.

Eine zu beobachtende Tendenz stellt die strukturelle Umgestaltung der Bezuschussungsform von Kindertagesstätten einiger Länder dar: von der bisher geltenden pauschalen Bezuschussung des Personals in den vom Träger nachgewiesenen Kindergruppen, als Objektförderung, hin zu einer Subjektförderung, bei der sich die Bezuschussung auf die konkrete Anwesenheit eines Kindes bezieht. Damit zahlt das Land nicht mehr pauschal Gelder für den Personal- oder Betriebskostenaufwand der freien und öffentlichen Träger, sondern als neues Bezuschussungskriterium gilt die vom Träger nachzuweisende Anzahl der anwesenden Kinder und die Dauer ihres Aufenthalts in der Einrichtung. Ergänzend dazu gelten solche Kriterien, die einen besonderen Hilfeaufwand der Kinder berücksichtigen, wie z.b. die Aufnahme behinderter Kinder, besondere Angebote für ausländische Kinder oder verlängerte Öffnungszeiten.

Die meisten Ländergesetze weisen keine konkrete Regelung der Elternbeiträge aus. Zumeist wird formuliert, dass der Träger die Beiträge festlegt. Allerdings werden die Träger in den Gesetzen verpflichtet, die örtlichen Bedingungen zu berücksichtigen und die Beiträge nach sozialen Kriterien zu staffeln. Konkret stellt sich die Situation so dar, dass der Anteil der Elternbeiträge an den Betriebskosten der Einrichtungen von Land zu Land unterschiedlich ist und ca. zwischen einem Anteil von 0 % und 30 % liegt.

Elterninitiativen zeichnen sich vor allem darüber aus, dass sie einen beträchtlichen Aufwand an Zeit und Eigenanteil an Arbeit (in Form von Organisations-, Putz- und Kochleistungen und pädagogischen Elterndiensten) in ihre Einrichtungen einbringen, zusätzlich zu den vor allem in den Städten durch hohe Mieten verursachten höheren Elternbeiträgen. Daher sind sie, mehr noch als die freien Träger, auf die finanzielle Unterstützung durch die öffentliche Hand angewiesen. Dem kommen einige Länder nach, indem sie Elterninitiativen den freien Trägern gleichsetzen und ihnen z.B. den von anderen freien Trägern zu erbringenden Eigenanteil erlassen oder die Eigenleistungen der Eltern in den Einrichtungen anerkennen.[1]

---

[1] Deutsches Jugendinstitut e.V.; Zahlenspiegel – Daten zu Tageseinrichtungen für Kinder; S. 25 - 31

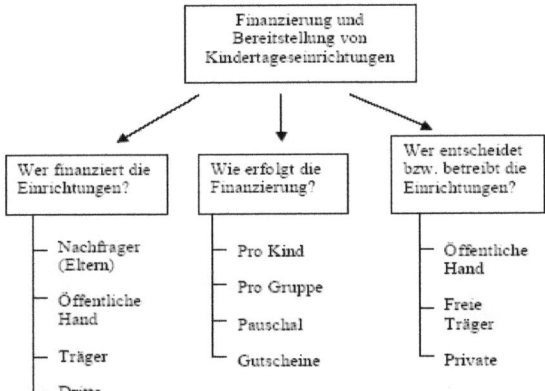

Abbildung 6: Finanzierung und Bereitstellung von Kindergärten[1]

Allerdings ist für die Bereitstellung eines quantitativ und qualitativ angemessenen Angebots an Tageseinrichtungen die faktische Bindung an die Wirtschafts- und Finanzkraft der Kommunen ein Problem.[2] Zwischen Kosten und Qualität entsteht ein Spannungsverhältnis. Was für jeden anderen Produktions- und Dienstleistungsbereich gilt, trifft auch für die Kindergartenversorgung zu: eine Erhöhung der Qualität und/oder der Quantität (Betreuungszeiten, Betreuungsschlüssel, Öffnungszeiten, Qualifikation des Personals u.s.w.) ist in der Regel mit einer Erhöhung der Kosten verbunden.[3]

Aufgrund dieser finanziell bedingten unterschiedlichen Bildungs- und Betreuungssituation im Elementarbereich ist eine Chancengleichheit für Kinder und Eltern für mehr Wohlstand nicht gegeben.[4]

---

[1] Gutachten im Rahmen des Projektes „Familienunterstützende Kinderbetreuungsangebote" des DJI, Finanzierung der Kindertagesbetreuung in Deutschland, S. 51, http://cgi.dji.de/bibs/42_1459FamunterstExpertise.pdf; Stand Mrz. 2005
[2] Vgl. OECD Early Childhood Policy Review 2002 – 2004, Bundesministerium für Familie, Senioren, Frauen und Jugend, S. 77 / 78
[3] Gutachten im Rahmen des Projektes „Familienunterstützende Kinderbetreuungsangebote" des DJI, Finanzierung der Kindertagesbetreuung in Deutschland, S. 74, http://cgi.dji.de/bibs/42_1459FamunterstExpertise.pdf; Stand Mrz. 2005
[4] Anmerkung des Verfassers

4.4.2. Externe Effekte öffentlicher Finanzierung

Eine anteilige öffentliche Finanzierung von u.a. Kindergarteneinrichtungen ist aufgrund positiven externen Effekte ökonomisch sinnvoll.

Positive externe Effekte liegen im Bereich der Kinder*tages*betreuung insbesondere bezüglich der Bildungsfunktion vor. Der Bildungstand der Bevölkerung ist eine entscheidende Variable für das Wirtschaftswachstum, wie die Modelle der Neuen Wachstumstheorie aufzeigen. Nach dieser kann bis zu 30 % des Wirtschaftswachstums mit dem Bildungsstand der Bevölkerung erklärt werden. Dabei wird davon ausgegangen, dass der gesamtgesellschaftliche Nutzen einer Bildungsinvestition höher als der individuelle Nutzen ist. Begründet wird dies damit, dass die Innovationsfähigkeit nicht nur vom individuellen Bildungsstand, sondern auch vom kollektiven Bildungsstand der Gesellschaft abhängt. Je höher der allgemeine Bildungsstand in einer Gesellschaft ist, um so besser kann die individuelle Kreativität entfaltet werden. Eine Vielzahl von Untersuchungen belegt, je früher (bezogen auf das Alter) in Bildung investiert wird, um so höher ist der erwartete individuelle und gesellschaftliche Nutzen. Institutionelle Kinderbetreuung stellt eine „effiziente" Möglichkeit dar, den Bildungstand einer Gesellschaft zu heben.

Aus der Existenz dieser positiven externen Effekte ergibt sich eine Legitimation staatlichen Handelns im Bereich der Kindertagesbetreuung.[1]

4.4.3. Einnahmeeffekte beim Ausbau von Kindertagesbetreuung[2]

Aus gesamtwirtschaftlicher und gesellschaftlicher Sicht gibt es gute Gründe, die für einen verstärkten Ausbau von Kinderbetreuung sprechen:

- o Eltern können am Erwerbsleben teilnehmen oder vermeiden, aus der Erwerbstätigkeit auszusteigen;

---

[1] Gutachten im Rahmen des Projektes „Familienunterstützende Kinderbetreuungsangebote" des DJI, Finanzierung der Kindertagesbetreuung in Deutschland, S. 7/8, http://cgi.dji.de/bibs/42_1459FamunterstExpertise.pdf; Stand Mrz. 2005
[2] Bundesministerium für Familie, Senioren, Frauen und Jugend; Kinderbetreuung bringt Gewinne; http://www.bmfsfj.de/Politikbereiche/familie,did=21064.html; Stand: Di 19.10.2004

- o Kinder*tages*stätten spielen eine wichtige Rolle für die Integration, Sozialisation und Ausbildung von Kindern und beeinflussen damit die Ausprägung von Humankapital;

- o die Lebensqualität der Einwohner und die Standortattraktivität für Unternehmen werden gesteigert - Kinder*tages*stätten sind ein nicht zu unterschätzender "weicher" Standortfaktor;

- o Kinder*tages*stätten schaffen Beschäftigungs- und Einkommensmöglichkeiten, deren Wirkung durch die Widerverausgabung der Einkommen (Multiplikatorenwirkung) erhöht wird.

Eine Abschätzung der Brutto-Einnahmeeffekte öffentlicher Haushalte und der Sozialversicherungsträger bei einem Ausbau der Kindertageseinrichtungen ist aus dem nachfolgenden Schaubild ersichtlich.

Mögliche Einnahmeeffekte durch Ausbau von Kitas			
Je 1000 Personen	**Steuermehreinnahmen**	**Beitragszuwachs in der Sozialversicherung**	**Einsparungen in der Sozialhilfe**
in Mio €			
Erwerbsaufnahme von arbeitslosen Müttern, deren jüngstes Kind zwischen 2 und 12 Jahren alt ist	3,8	5,7	
Erwerbsaufnahmen arbeitsloser AkademikerInnen	8,1	10,4	
Erwerbsaufnahmen allein erziehender Mütter, die aus dem Sozialhilfebezug herausfallen	s.o.	s.o.	6,6
Zusätzliches Fachpersonal für Kinder			
- in Kindergrippen	0,6	2	
- in Kindergärten	0,27	0,9	
- im Hortbereich	0,16	0,5	
Quelle: BMFSFJ; Einnahmeeffekte beim Ausbau von Kindertagesbetreuung			

Abbildung 7: Mögliche Einnahmeeffekte durch Ausbau von Kitas[1]

---

[1] Bundesministerium für Familie, Senioren, Frauen und Jugend; Einnahmeeffekte beim Ausbau von Kindertagesbetreuung; S. 12; www.bmfsfj.de

5. Situation der Kindergartenbetreuung in Deutschland[1]

Für Westdeutschland lag die Platz-Kind-Relation für Kindergartenkinder Ende 2002 bei 89,9%. Damit war für diese Altersgruppe fast eine Vollversorgung gegeben. Die Platz-Kind-Relation lag in Ostdeutschland für Kindergartenkinder Ende 2002 bei 105%. Damit hat sich die rechnerische Überversorgung gegenüber 1998 (113%) vermindert. Hierbei ist zu berücksichtigen, dass einige der neuen Länder den Rechtsanspruch auf einen Betreuungsplatz gegenüber der bundesgesetzlichen Regelung deutlich ausgeweitet haben, wodurch die Platz-Kind-Relation anders zu interpretieren ist. Die Organisation für wirtschaftliche Zusammenarbeit und Entwicklung (OECD) stellt in ihrem Ende November 2004 vorgelegten Länderbericht zu den frühkindlichen Betreuungsangeboten für die Null- bis Sechsjährigen in Deutschland fest: „Die neuen Bundesländer verfügen bereits über eines der am besten ausgebauten FBBE-Systeme *(FBBE = frühkindliche Betreuung, Bildung, Erziehung – d. Autor)* auf der Welt, das, was den Versorgungsumfang angeht, nur noch von einigen skandinavischen Ländern übertroffen wird."

Ende des Jahres 2002 hatten 43 Stadt- und Landkreise in Westdeutschland (13,2%) eine Platz-Kind-Relation von bis zu 80% (vgl. Tabelle 3). Der Schwerpunkt des Angebots lag in Westdeutschland zwischen 80 und 90 Prozent, eine Platz-Kind-Relation dieser Größe wiesen 131 Kreise auf (40,1%). In weiteren 71 Kreisen (21,7%) belief sich die Platz-Kind-Relation auf einen Wert zwischen 90 und 100%, ein Angebot, bei dem die Vollversorgung so gut wie erreicht scheint. 81 der Kreise in Westdeutschland (24,8%) wiesen mit einer Platz-Kind-Relation für Kindergartenkinder von über 100% ein rechnerisches Überangebot auf, wobei zu berücksichtigen ist, dass das Angebot an Kinderbetreuungsplätzen kleinräumig nachgefragt wird und auch auf Kreisebene freien Plätzen in der einen Einrichtung Wartelisten in einer 20 km entfernten Einrichtung gegenüber stehen können. Eine Platz-Kind-Relation für Kindergartenkinder von über 100% findet sich nur in Kreisen in der Mitte und im Süden Westdeutschlands, in den Ländern Hessen, Rheinland-Pfalz, Baden-

[1] Statistische Ämter des Bundes und der Länder; Kindertagesbetreuung regional 2002, Ausgabe 2004

24

Württemberg, Bayern und im Saarland. Aufgrund der völlig unterschiedlichen Ausgangsvoraussetzungen sieht die Verteilung der Platz-Kind-Relation in Ostdeutschland deutlich anders aus. Lediglich 7 Kreise in Brandenburg, Mecklenburg-Vorpommern und Sachsen-Anhalt (6,3%) hatten Ende 2002 eine Platz-Kind-Relation von weniger als 90%, wobei in keinem Kreis der Wert unter 80% fällt. Zwischen 90 und 100 Prozent lag die Platz-Kind-Relation in 31 Kreisen (27,7%) und 74 Kreise hatten ein Angebot für 100% und mehr der Kinder im Kindergartenalter (66,1%). Hierbei ist neben dem oben zum rechnerischen „Überangebot" Gesagten zu berücksichtigen, dass der Rechtsanspruch auf einen Betreuungsplatz in einigen der Länder in Ostdeutschland altersmäßig weiter gefasst ist als in der bundesgesetzlichen Vorgabe.

Land	Platz-Kind-Relation für Kindergartenkinder von ... bis unter ... Prozent							Kreise insgesamt
	unter 75	75-80	80-85	85-90	90-95	95-100	100 und mehr	
	Anzahl							
Schleswig-Holstein	2	2	6	4	1	·	·	15
Hamburg	1	·	·	·	·	·	·	1
Niedersachsen	4	10	13	14	4	1	·	46
Bremen	·	1	1	·	·	·	·	2
Nordrhein-Westfalen	·	6	23	20	5	·	·	54
Hessen	1	·	2	5	7	8	3	26
Rheinland-Pfalz	·	·	·	·	2	7	27	36
Baden-Württemberg	·	·	·	1	3	8	32	44
Bayern	6	10	21	21	12	11	15	96
Saarland	·	·	·	·	·	2	4	6
Früheres Bundesgebiet ohne Berlin-West	14	29	66	65	34	37	81	326
Brandenburg	·	·	·	2	2	7	7	18
Mecklenburg-Vorpommern	·	·	2	2	5	4	5	18
Sachsen	·	·	·	·	2	4	23	29
Sachsen-Anhalt	·	·	1	·	1	6	16	24
Thüringen	·	·	·	·	·	·	23	23
Neue Länder ohne Berlin-Ost	·	·	3	4	10	21	74	112
Berlin	·	·	1	·	·	·	·	1
Deutschland insgesamt	14	29	70	69	44	58	155	439
	Anteil in %							
Schleswig-Holstein	13,3	13,3	40,0	26,7	6,7	·	·	100
Hamburg	100,0	·	·	·	·	·	·	100
Niedersachsen	8,7	21,7	28,3	30,4	8,7	2,2	·	100
Bremen	·	50,0	50,0	·	·	·	·	100
Nordrhein-Westfalen	·	11,1	42,6	37,0	9,3	·	·	100
Hessen	3,8	·	7,7	19,2	26,9	30,8	11,5	100
Rheinland-Pfalz	·	·	·	·	5,6	19,4	75,0	100
Baden-Württemberg	·	·	·	2,3	6,8	18,2	72,7	100
Bayern	6,3	10,4	21,9	21,9	12,5	11,5	15,6	100
Saarland	·	·	·	·	·	33,3	66,7	100
Früheres Bundesgebiet ohne Berlin-West	4,3	8,9	20,2	19,9	10,4	11,3	24,8	100
Brandenburg	·	·	·	11,1	11,1	38,9	38,9	100
Mecklenburg-Vorpommern	·	·	11,1	11,1	27,8	22,2	27,8	100
Sachsen	·	·	·	·	6,9	13,8	79,3	100
Sachsen-Anhalt	·	·	4,2	·	4,2	25,0	66,7	100
Thüringen	·	·	·	·	·	·	100,0	100
Neue Länder ohne Berlin-Ost	·	·	2,7	3,6	8,9	18,8	66,1	100
Berlin	·	·	100,0	·	·	·	·	100
Deutschland insgesamt	3,2	6,6	15,9	15,7	10,0	13,2	35,3	100
Deutschland insgesamt kumuliert	3,2	9,8	25,7	41,5	51,5	64,7	100,0	X

Abbildung 8: Stadt- und Landkreise 2002 nach Ländern und Größenklassen

der Platz-Kindrelation für Kindergartenkinder[1]

---

[1] Statistische Ämter des Bundes und der Länder; Kindertagesbetreuung regional 2002, Ausgabe 2004

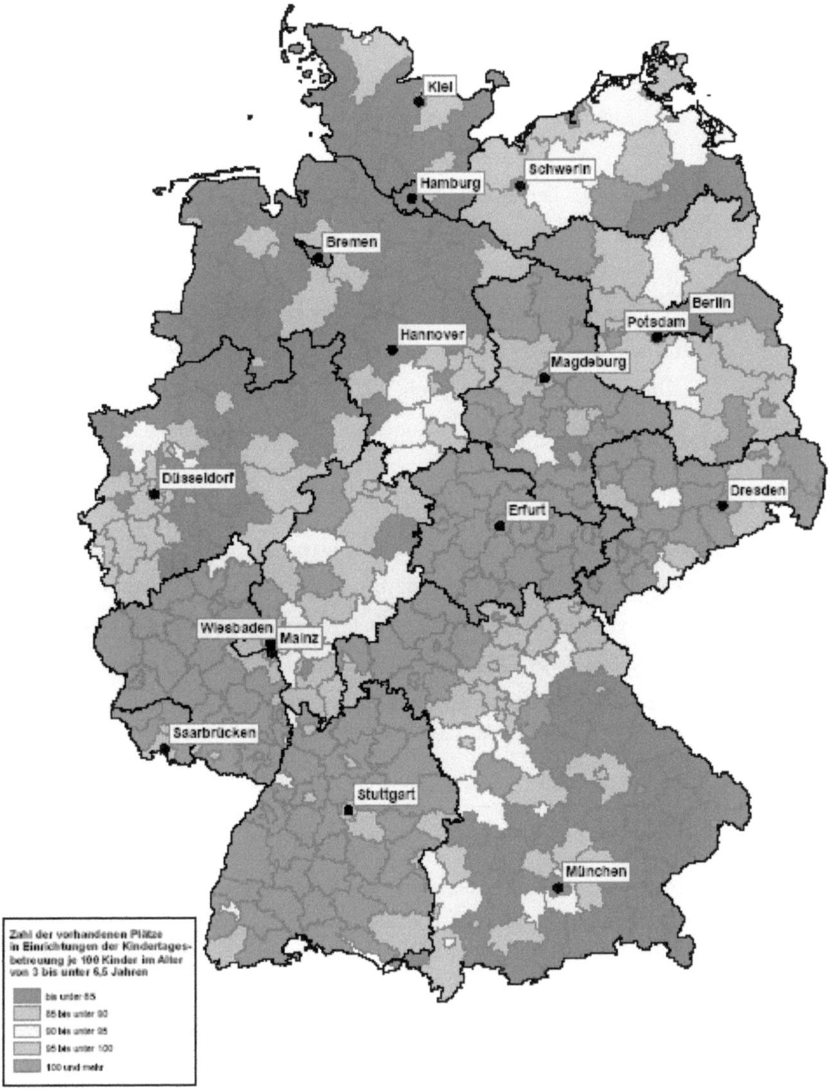

Abbildung 9:   Schaubild zur Platz-Kind-Relation für Kindergartenkinder in
                den Stadt- und Landkreisen 2002[1]

---

[1] Statistische Ämter des Bundes und der Länder; Kindertagesbetreuung regional 2002, Ausgabe
2004

6. Die Betreuungsinitiative für Kinder beschäftigter Frauen und Männer in Königslutter e.V. - Praxisbericht[1]

o   Kindertagesstättenplanung und Betriebserlaubnis

Den Trägern der öffentlichen Jugendhilfe obliegt die Planungsverantwortung für den Bestand an Jugendhilfeeinrichtungen und den dafür bestehenden Bedarf. Der Bedarf ist für jede Gemeinde und, soweit sie aus mehreren Gemeindeteilen besteht, auch für diese auszuweisen. Damit wird die Grundlage für die Entwicklung eines bedarfsgerechten Angebotes an Kindertagesstätten (Kinderkrippen, Kindergärten, Horte) geschaffen. Sie dient ebenfalls als Leitlinie für finanzielle, organisatorische und personelle Entscheidungen in diesem Bereich.

Zuständige Planungsbehörde im Landkreis Helmstedt (örtlicher Träger), in dem die Stadt Königslutter am Elm liegt, ist das Jugendamt des Landkreises Helmstedt. In der 7. Fortschreibung der Kindergartenbedarfsplanung vom 03.06.2004 wird für den Planungsbezirk Stadt Königslutter folgende Belegungs- und Bedarfssituation ausgewiesen:

Betreuungsform	gen. Plätze	belegte Plätze	Auslastung in %
Vormittags	369	323	87,5
¾- tags	50	49	98,0
Ganztags	37	36	97,3
Nachmittags	46	38	82,6

Abbildung 10:   Belegungs- und Bedarfssituation Kitas in Königslutter[2]

In drei Kindergärten im Landkreis sind Integrationsplätze vorhanden, in denen die gemeinsame Erziehung von behinderten und nicht behinderten Kindern im

---

[1] Folgend wird für die Betreuungsinitiative der Begriff BIK verwendet.
[2] 7. Fortschreibung zur Kindergartenbedarfsplanung im Landkreis Helmstedt, S. 14

Vordergrund steht. Einer dieser Kindergärten ist in der Stadt Königslutter – die BIK e.V.[1]

Die BIK e.V. stellt zur Kindergartenversorgung in der Stadt Königslutter folgende Plätze zur Verfügung und weist die nachstehende Auslastungsquote auf:

Betreuungsform	gen. Plätze	belegte Plätze	Auslastung in %
Vormittags	25	25	100,00
Ganztags	14	13	92,86
Integrationsplätze	4	5	125,00
Gesamt	43	43	100,00

Abbildung 11: Belegungs- und Bedarfssituation in der BIK e.V.

Eine entsprechende Betriebserlaubnis gem. § 45 SGB VIII i.V.m. § 1 KitaG erteilte die zuständige Genehmigungsbehörde, das Landesjugendamt in Niedersachsen (vgl. § 85 SGB VIII).

o   Organisation der BIK e.V. und Kita-Trägerschaft

Der BIK e.V. ist ein eingetragener Verein, der auf Initiative von Eltern mit dem Ziel gegründet wurde, einen Kindergarten zu betreiben. Der Verein ist ein freier Träger im Sinne der Kinder- und Jugendhilfe. Er wird durch seinen Vorstand vertreten (§ 26 Abs. 2 BGB). Dieser hat in Bezug auf den Kindergarten u.a. die Aufgabe:

o   die Kindergartenleitung zu bestellen, welche die pädagogische Verantwortung für die Arbeit im Kindergarten trägt,

o   Erarbeitung einer Konzeption gem. § 3 KitaG für den Kindergarten gemeinsam mit Elternvertretern und Erzieherinnen,

o   eine den normativen Vorgaben entsprechende qualitative und quantitative Infrastruktur zu schaffen (u.a. Bereitstellung von Personal und Sachmittel),

---

[1] 7. Fortschreibung zur Kindergartenbedarfsplanung im Landkreis Helmstedt, S. 10

o   Vertretung des Kindergartens und des Vereins gegenüber Dritten (z.B. Behörden wie (Landes-)Jugendamt, Gemeinde, Finanzamt etc.),

o   Sicherstellung der Finanzierung des Kindergartenbetriebes,

o   und weitere – hier nicht näher bezeichnete -unternehmerische Aufgaben.

In dem gem. § 10 KitaG einzurichtenden Beirat sind Elternvertreter der Betreuungsgruppen, Vertreter der Betreuungskräfte sowie des Trägers vertreten. Hier können Eltern der in Abschnitt 4.2. beschriebenen Erziehungsverantwortung nachkommen. Wichtige Entscheidungen des Trägers und der Leitung erfolgen im Benehmen mit dem Beirat. In folgenden Angelegenheiten und zur Verwendung von Haushaltsmittel kann der Beirat Vorschläge machen:

1.) Aufstellung und Änderung der Konzeption für die pädagogische Arbeit,

2.) die Einrichtung neuer und Schließung bestehender Gruppen oder Betreuungsangebote,

3.) die Festlegung der Gruppengröße und Grundsätze für die Aufnahme von Kindern,

4.) die Öffnungs- und Betreuungszeiten.

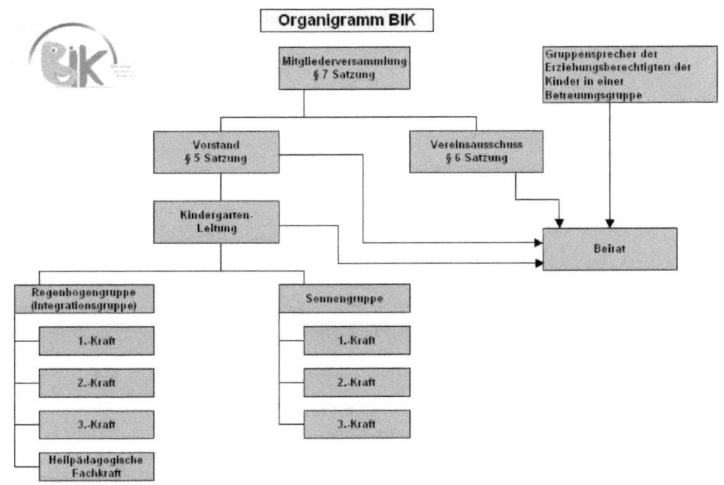

Abbildung 12:   Organigramm der BIK e.V.

o   Finanzierungsquellen der BIK e.V.

Die Finanzierung der Träger ist in Niedersachsen nicht einheitlich geregelt. Die Finanzierung der Betriebskosten ist kommunale Aufgabe. Letztlich muss jeder freie Träger mit der zuständigen Kommune über Betriebskostenzuschüsse verhandeln.[1] Der BIK e.V. hat mit der Stadt Königslutter eine Vereinbarung betreffend der Betriebskostenzuschüsse getroffen, wonach diese 90 v.H. des angemessenen ungedeckten Defizits übernimmt.[2] Dabei werden jedoch alle Einnahmen, auf die der BIK e.V. einen Anspruch erheben kann, verrechnet.

Die Elternbeiträge werden entgegen gesetzlichen Auftrag nicht vom Träger selbst, sondern aufgrund der Betriebskostenbezuschussung durch den örtlichen Träger einheitlich für alle Kindergartenträger seitens der Stadt Königslutter per Satzung festgesetzt. Zuletzt hat der Rat der Stadt Königslutter am Elm am 29.04.2004 eine Entgeltordnung über die Erhebung von Beiträgen für die

---

[1]   Vgl.   Gutachten   im   Rahmen   des   Projektes   „Familienunterstützende Kinderbetreuungsangebote" des DJI, Finanzierung der Kindertagesbetreuung in Deutschland, S. 30
[2] Vgl. § 7 der Vereinbarung zw. der Stadt Königslutter und der BIK e.V. v. 20.04.1999

Benutzung von Kindergärten aufgestellt.[1] Diese findet gem. § 3 der o.g. Vereinbarung für die BIK e.V. Anwendung. Die Höhe der Elternbeiträge ist abhängig vom Familienstand, Einkommenshöhe und Anzahl zeitgleich betreuter Kinder.

Es ergeben sich für die BIK e.V. folgende Finanzierungsquellen:

1.) Vereins-Mitgliedsbeiträge gem. der Satzung der BIK e.V.

2.) Elternbeiträge

3.) Finanzhilfe für Personalkosten des Landes

4.) Personal- und Sachkostenpauschale für Integrationsgruppen (Jugendamt des Landkreis Helmstedt)

5.) Betriebskostenzuschuss des örtlichen Trägers (Stadt Königslutter)

6.) Spenden

7.) Elternarbeit

8.) Investitionskostenzuschuss des Landes (soweit Haushaltsmittel zur Verfügung stehen)

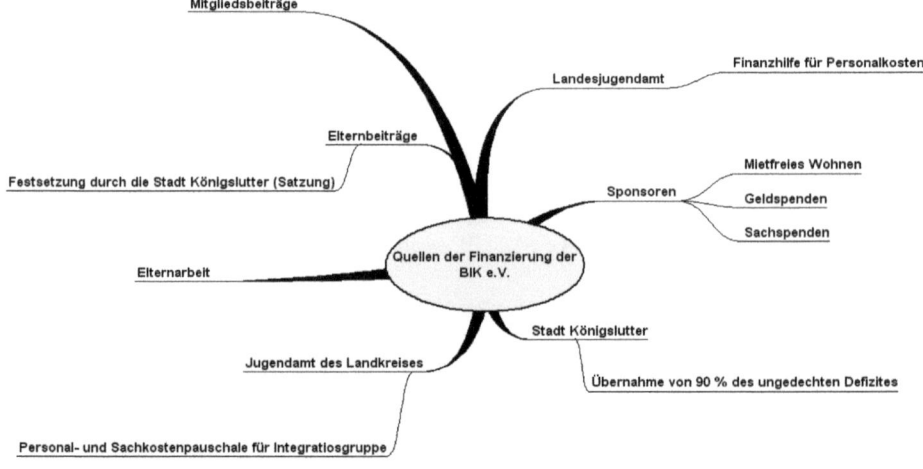

Abbildung 13: Quellen der Finanzierung der BIK e.V.; Eigene Darstellung

---

[1] Vgl. a.a.O.

o   Anspruch auf einen Kindergartenplatz im BIK e.V.

Jedes Kind hat gem. § 24 SGB VIII i.V.m. § 5 Abs. 1 KitaG Anspruch auf einen Kindergartenplatz in Niedersachsen. Allerdings besteht keine Durchsetzungsmöglichkeit dieses Anspruchs gegenüber freigemeinnützigen Trägern.[1] Auch der örtliche Träger kann nicht ohne weiteres eine Aufnahme erzwingen. Allerdings kann der örtliche Träger Einfluss auf die finanzielle Unterstützung nehmen.

In der BIK e.V. besteht satzungsgemäß nur demjenigen ein Anspruch auf einen Betreuungsplatz im Kindergarten für sein Kind zu, der Mitglied in der BIK e.V. ist. Freiwerdende Plätze werden grundsätzlich nach der Reihenfolge der Anmeldung von Kindern für einen Kindergartenplatz vergeben. Eine Ausnahme bilden hierbei die sog. Härtefälle.

„Eine besondere Härte liegt vor, wenn die Eltern zur Sicherstellung des Familienunterhalts oder zur Erhaltung des Arbeitsplatzes berufstätig sein müssen, wenn ein Elternteil sonst eine Ausbildung abbrechen müsste oder wenn z.B. die Familiensituation eine erzieherische Betreuung außerhalb der Familie erfordert. Gefordert ist eine kausale Verknüpfung von Stichtagsregelung und besonderer Härte, d.h. die Härte muss sich daraus ergeben, dass der Anspruch später entsteht als der Erziehungsurlaub endet. Nur wenn dieser zeitliche Druck zu einer besonderen Härte führt, kann ein vorzeitiger Anspruch begründet sein."

Auf Beschluss des Vorstandes erfolgt die Vergabe von Betreuungsplätzen im Kindergarten der BIK e.V. wie folgt.[2]

1) Die freien Plätze werden in der Reihenfolge der Anmeldungen vergeben.

2) Härtefälle werden unter Berücksichtigung der o.g. Definition „Härtefall" vergeben, wobei maximal $^1/_7$ der freien Plätze dazu zur Verfügung stehen.

3) Über die Vergabe der Plätze zu lfd. Nr. 1 und 2 wird anlässlich der im Januar e. J. stattfindenden Vorstandsitzung entschieden.

Dies stellt für die Verantwortungsträger den kleinsten gemeinsamen Nenner bezogen auf die Berücksichtigung sog. Härtefälle unter Beachtung der dem

---

[1] Vgl. Klügel/David; Gesetz über Tageseinrichtungen für Kinder in Niedersachsen, Kommentar zu § 5 KitaG RdNr. 15; Kohlhammer-Deutscher Gemeindeverlag
[2] Vgl. Richtlinie zum Umgang mit Härtefällen der BIK e.V.

freien Träger obliegenden Eigenverantwortung und dem sozialpolitisch Indizierten dar.

7. Fazit

Die Platz-Kind-Relation der Kindergartenversorgung liegt in Deutschland auf einem sehr hohem Niveau. Bezogen auf die neuen Bundesländer ist sie eines der am besten ausgebauten Systeme frühkindlicher Betreuung, Bildung und Erziehung auf der Welt; sie wird nur von einigen skandinavischen Ländern übertroffen. Mithin ist die Wiedervereinigung Deutschlands in Bezug auf die Kindergartenversorgung vollzogen.

Die Kindergartenversorgung ist geprägt durch eine Vielzahl unterschiedlicher Träger, mit denen die unterschiedlichsten Präferenzen betreffend frühkindlicher Betreuung, Bildung und Erziehung sowohl vom zeitlichen Umfang als auch inhaltlich abgedeckt werden. Sie, die Kindergartenversorgung, erfolgt nach dem Subsidiaritätsprinzip, wonach zunächst die Gesellschaft selbst Sorge für die Kindergartenversorgung trägt und der Staat erst nachrangig in die Verpflichtung gerät.

Dieses aus der Öffentlichen Fürsorge kommende Prinzip ist für den Bundesgesetzgeber Veranlassung genug gewesen, seiner gesetzgeberischen Rahmenkompetenz nachzukommen und im SGB VIII / KJHG Grundsätze zur Förderung von Kindergärten zu regeln. Dies führt allerdings aufgrund der föderativen Struktur Deutschlands zu einer Vielzahl länderspezifischer Regelungen betreffend der Ausgestaltung des Angebotes von Kindergärten. Letztlich führt dies zu einer sehr unterschiedlichen Quantität und Qualität der Kindergartenversorgung. Das Ziel der <absoluten> Chancengleichheit ist insoweit nicht, bzw. nur bedingt erfüllt.

Eine Optimierung von Qualität und Quantität der Kindergartenversorgung ist Aufgrund der Finanzierungsstrukturen stark abhängig von der Kassenlage der Länder und Kommunen. Dies führt in Zeiten schlechter Konjunktur zu zurückhaltendem Engagements der Finanzgeber bei der Weiterentwicklung der

Kita-Versorgung. Betrachtet man Bildung als Wachstums- und Wirtschaftsmotor, erweist sich dieses System als Pferdefuss. Auch die stark divergierende Belastung der Familien mit Elternbeiträgen (Nutzerfinanzierung) erscheint nicht akzeptabel. Letztlich verhindert das System der Kita-Finanzierung somit Chancengleichheit und positive Wirtschaftsentwicklung.

Noch kritischer ist diese Situation unter dem Aspekt zu bewerten, das bereit ein Nachweis dafür gebracht ist, das durch den Ausbau von Kitas ein Brutto-Einnahmeeffekt bei der öffentlichen Hand eintritt.

Es bleibt abzuwarten, welche Maßnahmen Bund, Länder und Kommunen beschließen, die Bedingungen schaffen, welche eine Chancengleichheit für mehr Wohlstand den Eltern und Kindern sichern.

8. Quellenverzeichnis

1. Rede der Bundesministerin für Familie, Senioren und Jugend, Frau Renate Schmidt am 03.03.2004 anlässlich einer Fachtagung der BETA, www.BMFSFJ.de.
2. Bundesministerium für Familie, Senioren, Frauen und Jugend; Einnahmeeffekte beim Ausbau von Kindertagesbetreuung, www.BMFSFJ.de .
3. Manfred Berger; Frauen in der Geschichte des Kindergartens: Eine Einführung; Kindergartenpädagogik – Online-Handbuch; www.Kindergartenpädagogik.de/170.html; Stand: 17.03.2005.
4. Microsoft®Encarta®Enzyklopädie 2002; Stichwort: Kindergarten.
5. W. Schellhorn, SGB VIII/KJHG; Luchterhand Verlag GmbH Neuwied; Stand 2000.
6. Gesetzentwurf der Bundesregierung für ein Gesetz zur Neuordnung des Kinder- und Jugendhilferechts (KJHG) und Stellungnahme des Bundesrates, Bundestagsdrucksache 11/5948, www.parlamentsspiegel.de.
7. Bundesministerium für Familie, Senioren, Frauen und Jugend; OECD Early Childhood Policy Review 2002 – 2004; www.BMFSFJ.de.
8. Bundesministerium für Familie, Senioren, Frauen und Jugend; Broschüre: Kinder in Tageseinrichtungen und Tagespflege; www.BMFSFJ.de.
9. Deutsches Jugendinstitut e.V.; Zahlenspiegel – Daten zu Tageseinrichtungen für Kinder
10. Gutachten im Rahmen des Projektes „Familienunterstützende Kinderbetreuungsangebote" des DJI, Finanzierung der Kindertagesbetreuung in Deutschland, http://cgi.dji.de/bibs/42_1459FamunterstExpertise.pdf; Stand Mrz. 2005
11. Bundesministerium für Familie, Senioren, Frauen und Jugend; Kinderbetreuung bringt Gewinne; http://www.bmfsfj.de/Politikbereiche/familie,did=21064.html; Stand: Di 19.10.2004
12. Statistische Ämter des Bundes und der Länder; Kindertagesbetreuung regional 2002, Ausgabe 2004
13. Siebte Fortschreibung zur Kindergartenbedarfsplanung im Landkreis Helmstedt
14. Klügel/David; Gesetz über Tageseinrichtungen für Kinder in Niedersachsen, Kommentar; Kohlhammer-Deutscher Gemeindeverlag
15. Richtlinie zum Umgang mit Härtefällen der BIK e.V.

Anlage 1: Ausgestaltung des Rechtsanspruchs auf einen Kindergartenplatz[1]

Baden-Württemberg	Die konkrete Ausgestaltung des Rechtsanspruchs ist nicht geregelt
Bayern	Kein Rechtsanspruch
Berlin	In allen Kindertagesstätten, gilt für die 3- bis 6-Jährigen
Brandenburg	In Kindertagesstätten vom 2. Lj. bis zum Schuleintritt, Kinder unter zwei Jahren und Hortkinder haben bedingten Anspruch bei Berücksichtigung ihrer familiären Lage, Erwerbstätigkeit, Erziehungsbedarf
Bremen	In Kindertagesstätten und Eltern-Kind-Gruppen, gilt für die 3- bis 6-Jährigen
Hamburg	In Kindertagesstätten und Elterninitiativen, gilt für die 3- bis 6-Jährigen
Hessen	In Kindergärten
Mecklenburg-Vorpommern	In Kindertagesstätten von drei bis Schuleintritt, Anspruch auf einen Ganztagsplatz bei Berufstätigkeit der Eltern
Niedersachsen	In Kindertagestätten als Vor- oder Nachmittagsplatz/Kinderspielkreis oder Tagespflege
Nordrhein-Westfalen	In Kindertagesstätten bei mindestens 5-stündiger durchgehender Betreuung
Rheinland-Pfalz	In Kindertagesstätten vom 3. Lj. bis Schuleintritt, Vor-oder Nachmittagsplatz von in der Regel 6 Stunden
Saarland	In Kindergärten
Sachsen	In Kindertageseinrichtungen ab 3. Lj. bis Schuleintritt
Sachsen-Anhalt	Ganztägige Tagesbetreuung in Kindertagesstätten von Geburt bis zur 7. Schulklasse
Schleswig-Holstein	In Kindertagesstätten und Tagespflege für die 3- bis 6-Jährigen
Thüringen	In Kindertagesstätten für die 3- bis 6-Jährigen, es besteht auch Anspruch auf einen Hortplatz

---

[1] Deutsches Jugendinstitut e.V.; Zahlenspiegel – Daten zu Tageseinrichtungen für Kinder; S. 22

Anlage 2: Die Landesgesetzte und Regelungsbereiche der Tagespflege[1]

Land	Die gesetzlichen Regelungen beziehen sich auf						Titel des Gesetzes (Kurzfassung)
	Kinder unter 3 Jahren	Kinder 3 J. bis zur Schule	Schul-kinder	Alters-gemischte Gruppen	Kinder mit Behin-derungen[1]	Tages-pflege	
Baden-Würtemberg	x	x	x	x	x		Kindergartengesetz (KGaG) i. d. F. vom 15. 3. 1999 (GBL S. 150)
Bayern		x					Kindergartengesetz vom 25. 7. 1972 (GVBL S. 297), geändert durch Gesetz vom 10. 8. 1982 (GVBL S. 685)
Berlin	x	x	x	x	x	x	Kindertagesbetreuungsgesetz (KitaG) i. d. F. vom 25. 11. 1998 (GVBl. S. 382) zusätzlich: Kita- und Tagespflegekostenbeteili-gungsgesetz (KTKBG) i. d. F. vom 28. 8. 2001 (GVBl. S. 494, 576)
Brandenburg	x	x	x	x	x	x	Kindertagesstättengesetz (Kita-Gesetz) vom 10. 6. 1992 (GVBl. I S. 178), zuletzt geändert durch Gesetz vom 7. 7. 2000 (GVBl. I S. 106)
Bremen	x	x	x	x	x	x	Bremisches Tageseinrichtungs-und Tagespflegegesetz (BremKTG) vom 19. 12. 2000 (GBl. S. 491)
Hamburg	x	x	x	x		x	Kindertagesbetreuungsförde-rungsgesetz (KiBFördG) vom 21. 12. 1999 (GVBl. S. 333), zuletzt geändert durch Gesetz vom 19. 7. 2000 (GVBl. S. 156)
Hessen		x		x	x		Kindergartengesetz vom 14. 12. 1989 (GVBl. S. 450), zuletzt geändert durch Gesetz vom 28. 11. 2000 (GVBl. I S. 521)
Mecklenburg-Vorpommern	x	x	x	x	x	x	Erstes Ausführungsgesetz zum Kinder- und Jugendhilfegesetz (KitaG) vom 19. 5. 1992 (GVBl. S. 270) i. d. F. vom 11. 12. 1995 (GVBl. S. 603)

---

[1] Bundesministerium für Familie, Senioren, Frauen und Jugend; Kinder in Tageseinrichtungen und Tagespflege; S. 55,56; www.bmfsfj.de

Land	Die gesetzlichen Regelungen beziehen sich auf						Titel des Gesetzes (Kurzfassung)
	Kinder unter 3 Jahren	Kinder 3 J. bis zur Schule	Schul-kinder	Alters-gemischte Gruppen	Kinder mit Behin-derungen[1]	Tages-pflege	
Niedersachsen	x	x	x	x	x		Gesetz über Tageseinrichtungen für Kinder (KitaG) i. d. F. vom 4. 8. 1999 (GVBl. S. 308)
Nordrhein-Westfalen	x	x	x	x	x		Gesetz über Tageseinrichtungen für Kinder (GTK) vom 29. 10. 1991 (GVBl. S. 380), zuletzt geändert durch Gesetz vom 16. 12. 1998 (GVBl. S. 704)
Rheinland-Pfalz	x	x	x	x	x		Kindertagesstättengesetz vom 15. 3. 1991 (GVBl. S. 79), zuletzt geändert durch Gesetz vom 12. 2. 1998 (GVBl. S. 25)
Saarland	x	x	x		x		Gesetz zur Förderung der vor-schulischen Erziehung vom 18. 2. 1975 (Amtsbl. S. 373), zuletzt geändert durch Gesetz vom 7. 6. 2000 (Amtsbl. S. 1021), Gesetz zur Förderung von Kinderkrip-pen und Kinderhorten vom 29. 11. 1989 (Amtsbl. S. 133)
Sachsen	x	x	x	x	x	x	Gesetz über Kindertagesein-richtungen (SächsKitaG) vom 27. 11. 2001 (GVBl. S. 705)
Sachsen-Anhalt	x	x	x		x		Gesetz zur Förderung und Betreuung von Kindern in Tageseinrichtungen vom 26. 6. 1991 (GVBl. S. 126), zuletzt geändert durch Gesetz vom 7. 12. 2001 (GVBl. S. 540)
Schleswig-Holstein	x	x	x	x	x	x	Kindertagesstättengesetz (KitaG) vom 12. 12. 1991 (GVBl. S. 651), zuletzt geändert durch Gesetz vom 18. 7. 2000 (GVBl. S. 552)
Thüringen	x	x	x	x	x		Kindertageseinrichtungsgesetz (KitaG) vom 25. 6. 1991 (GVBl. S. 113) i. d. F. vom 21. 12. 2000 (GVBl. S. 413)

[1] In einigen Gesetzen erscheinen behinderte Kinder als „Kinder mit Benachteiligungen".

Anlage 3: Folienvortrag

5. Situation der Kindergartenbetreuung in Deutschland

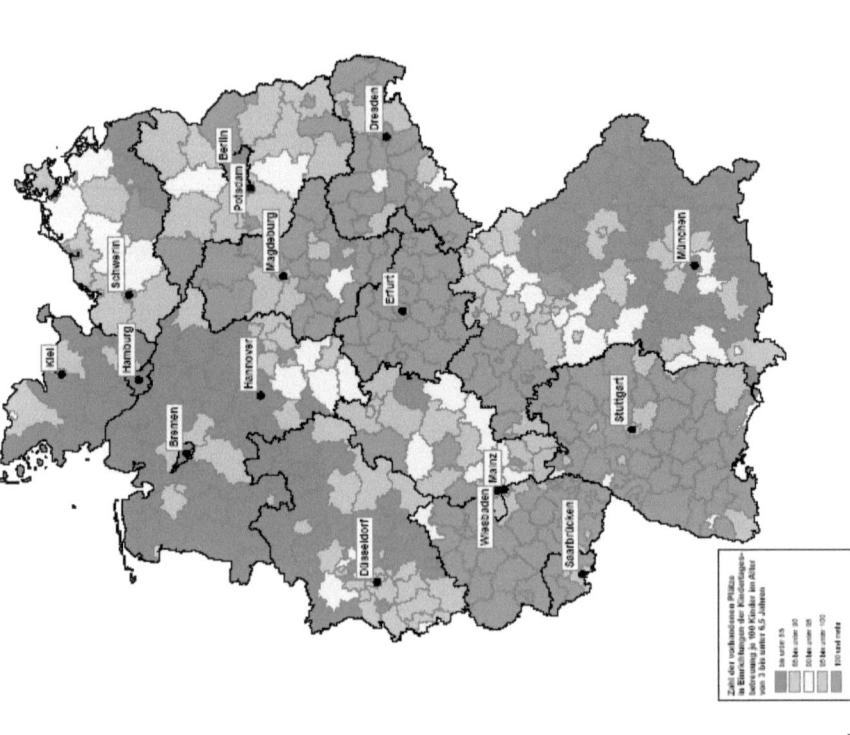

Kiel · Hamburg · Schwerin · Bremen · Hannover · Berlin · Potsdam · Magdeburg · Düsseldorf · Erfurt · Dresden · Wiesbaden · Mainz · Saarbrücken · Stuttgart · München

Zahl der vorhandenen Plätze
in Einrichtungen der Kindertagesbetreuung je 100 Kinder im Alter
von 3 bis unter 6,5 Jahren

bis unter 55
55 bis unter 80
80 bis unter 95
95 bis unter 100
100 und mehr

Sozialpolitik, KV-Mar... in Köln, 2000